hafensänger

Das Notizbuch für Kreativmenschen!

Die Hafenprinzessin

Dieses Notizbuch gehört:

_____

Impressum

Verantwortlich

Christian Flick / Mathias Weber

youneo projects flick und weber GbR, Poststraße 1, 49326 Melle

info@youneoprojects.de, www.youneoprojects.de

Herstellung und Verlag

BoD - Books on Demand, Norderstedt

Bildquellen

© Nomad_Soul/shutterstock (Cover), ddok/shutterstock

Hafenprinzessin® ist eine eingetragene Marke der youneo projects flick und weber GbR.

ISBN: 9783749406395

6

13

14

16

17

19

29

30

33

34

36

39

40

41

44

48

50

52

56

58

60

61

62

65

67

71

72

73

74

75

78

81

82

87

88

89

90

92

94

96

100

104

107